Impressum
Verlag: BABADADA GmbH, Nedderfeld 112 , 22529 Hamburg
Geschäftsführer / Verlagsleitung: Harald Hof
Druck: Books on Demand GmbH, In de Tarpen 42, 22848 Norderstedt

Imprint
Publisher: BABADADA GmbH, Nedderfeld 112 , 22529 Hamburg, Germany
Managing Director / Publishing direction: Harald Hof
Print: Books on Demand GmbH, In de Tarpen 42, 22848 Norderstedt

colegio

學校

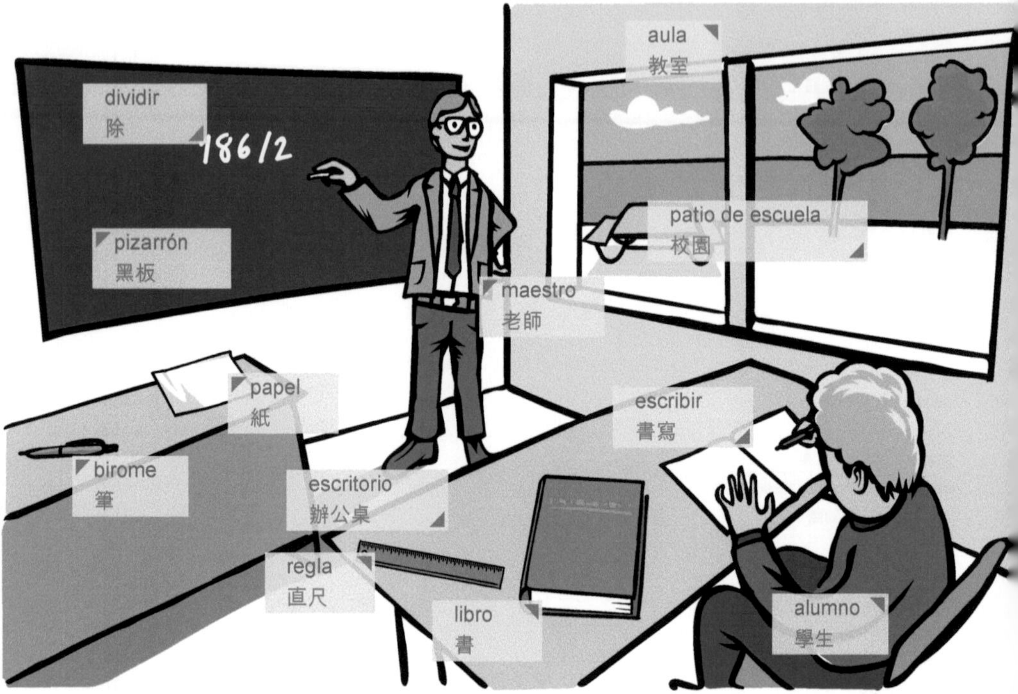
aula
教室
dividir
除
186/2
pizarrón
黑板
patio de escuela
校園
maestro
老師
papel
紙
escribir
書寫
birome
筆
escritorio
辦公桌
regla
直尺
libro
書
alumno
學生

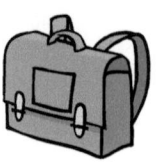

mochila

書包

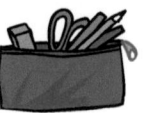

caja de lápices

鉛筆盒

lápiz

鉛筆

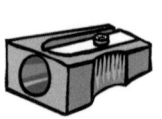

sacapuntas

削鉛筆機

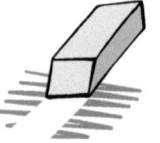

goma (de borrar)

橡皮擦

bloc de dibujo

畫板

dibujo

圖畫

pincel

畫筆

caja de pinturas

顏料盒

tijera

剪刀

pegamento

膠水

cuaderno de ejercicios

練習冊

tarea

家庭作業

número

數字

sumar

加

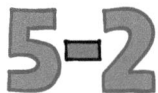

restar

減

multiplicar

乘

calcular

計算

letra

字母

abecedario

字母表

palabra

字

texto

課文

leer

讀

tiza

粉筆

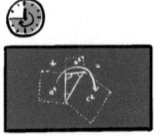

lección

上課

cuaderno de clase

登記

examen

考試

certificado

證書

uniforme escolar

校服

educación

教育

enciclopedia

百科全書

universidad

大學

microscopio

顯微鏡

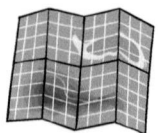

mapa

地圖

tacho (de basura)

廢紙簍

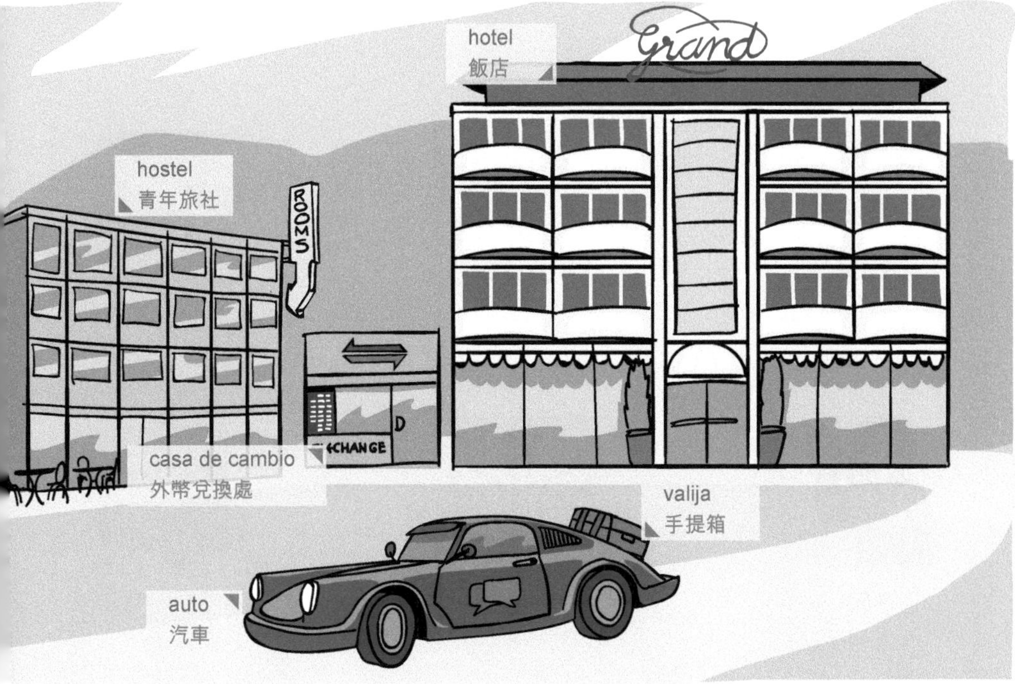

hotel
飯店
Grand
hostel
青年旅社
ROOMS
casa de cambio
外幣兌換處
CHANGE
valija
手提箱
auto
汽車

idioma
語言

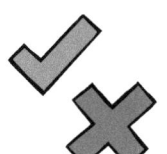

sí / no
是/否

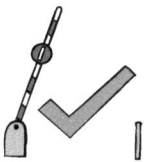

Está bien
好的

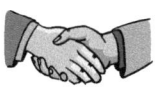

hola
您好

traductor
翻譯人員

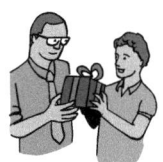

Gracias
謝謝

¿cuánto cuesta...?

......多少錢？

No entiendo

我不明白

problema

問題

¡Buenas tardes!

晚上好！

¡Buenos días!

早上好！

¡Buenas noches!

晚安！

adiós

再見

dirección

方向

equipaje

行李

bolso

包

mochila

背包

invitado

客人

habitación

房間

bolsa de dormir

睡袋

carpa

帳篷

información turística

旅行資訊

playa

海灘

tarjeta de crédito

信用卡

desayuno

早餐

almuerzo

午餐

cena

晚餐

pasaje

票

ascensor

電梯

sello

郵票

frontera

邊界

aduana

海關

embajada

大使館

visa

簽證

pasaporte

護照

transporte

交通運送

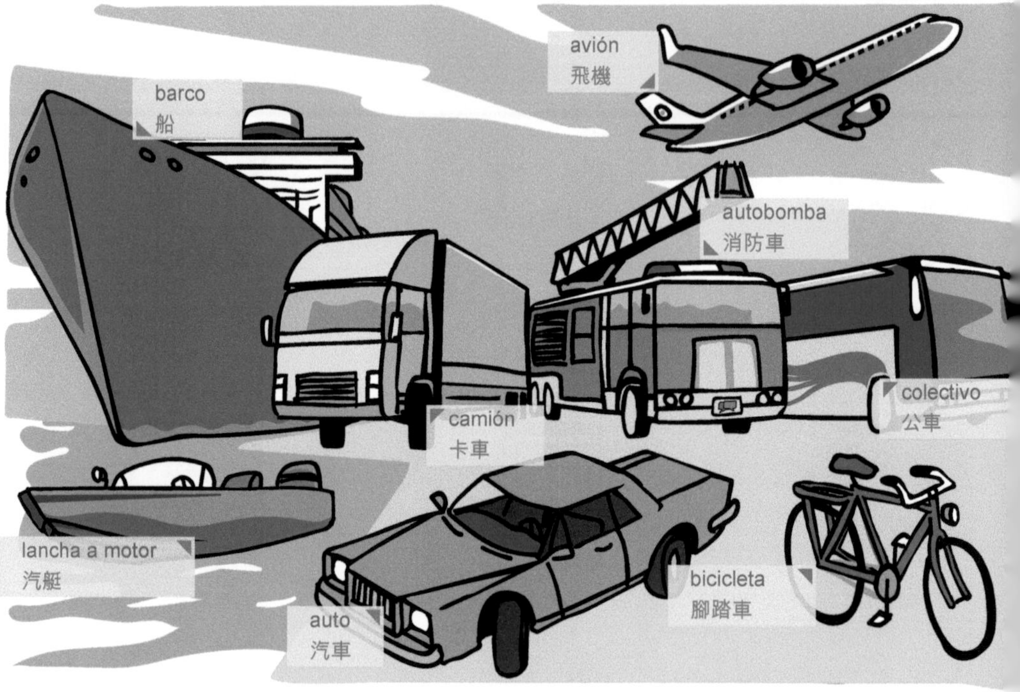

avión
飛機
barco
船
autobomba
消防車
colectivo
公車
camión
卡車
lancha a motor
汽艇
bicicleta
腳踏車
auto
汽車

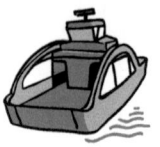

ferry
渡輪

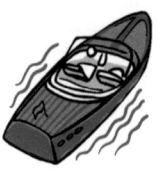

bote
小船

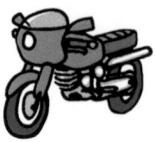

moto
機車

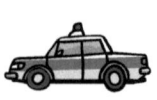

patrullero
警車

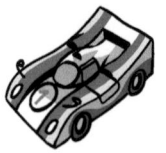

auto de carreras
賽車

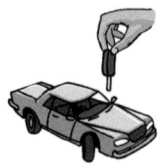

auto de alquiler
租車

alquiler de autos

拼車

grúa

拖車

camión de basura

垃圾車

motor

馬達

nafta

汽油

estación de servicio

加油站

señal de tránsito

交通標識

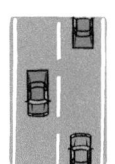

tránsito

交通

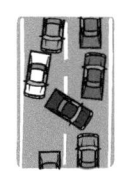

embotellamiento

交通堵塞

estacionamiento

停車場

estación de tren

火車站

vías

軌道

tren

火車

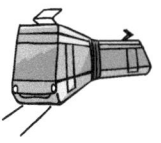

tranvía

路面電車

vagón

客車廂

helicóptero

直升機

aeropuerto

機場

torre

塔

pasajero

乘客

contenedor

集裝箱

caja de cartón

紙板箱

carretilla

手推車

canasta

籃子

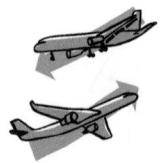

despegar / aterrizar

起飛/降落

ciudad

城市

pueblo

村莊

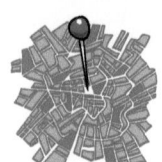

centro de ciudad

市中心

casa

房子

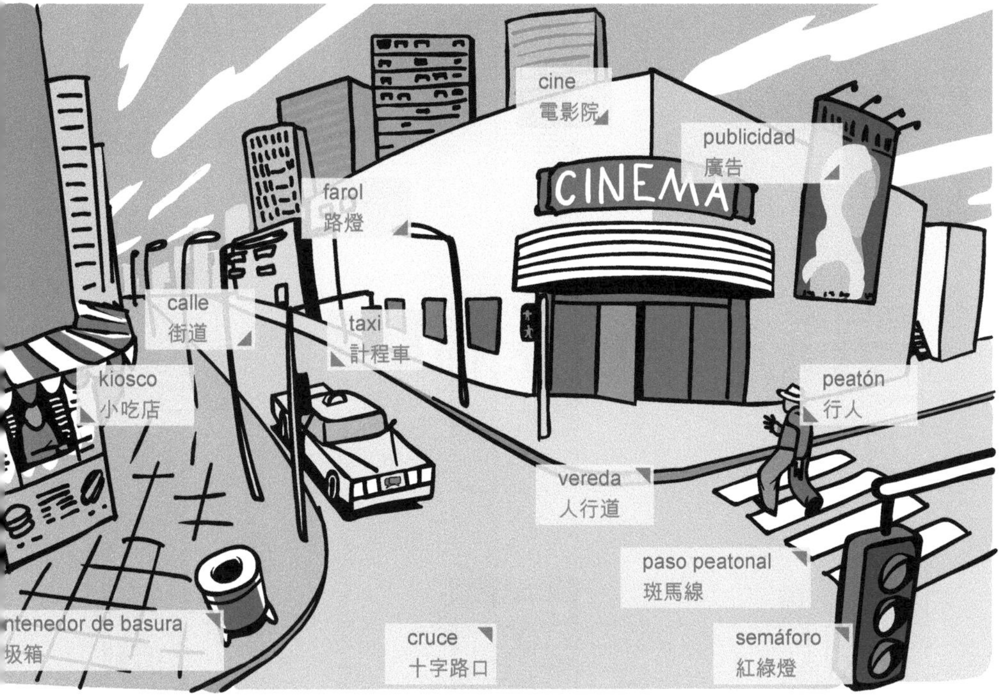

cine
電影院

publicidad
廣告

farol
路燈

calle
街道

taxi
計程車

kiosco
小吃店

CINEMA

peatón
行人

vereda
人行道

paso peatonal
斑馬線

ntenedor de basura
圾箱

cruce
十字路口

semáforo
紅綠燈

cabaña

小屋

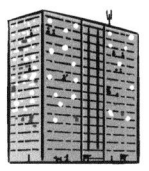

departamento

公寓

estación de tren

火車站

municipalidad

市政廳

museo

博物館

colegio

學校

universidad

大學

banco

銀行

hospital

醫院

hotel

飯店

farmacia

藥房

oficina

辦公室

librería

書店

negocio

商店

florería

花店

supermercado

超市

mercado

市場

grandes tiendas

百貨商店

pescadería

魚店

centro comercial

購物中心

puerto

海港

parque

公園

banco

長凳

puente

橋

escaleras

樓梯

subte

捷運

túnel

隧道

parada del colectivo

公車站

bar

酒吧

restaurante

餐館

buzón

郵筒

letrero

路標

parquímetro

停車計時器

zoológico

動物園

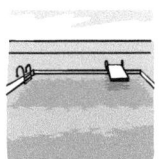

pileta

游泳池

mezquita

清真寺

granja

農場

contaminación

污染

cementerio

墓地

iglesia

教堂

juegos infantiles

操場

templo

寺廟

paisaje
地形

hoja
樹葉

poste indicador
指示牌

camino
路

pradera
草地

piedra
石頭

árbol
樹

excursionista
徒步旅行者

río
河

hierba
草

flor
花

valle
峽谷

montaña
丘陵

lago
湖

bosque
森林

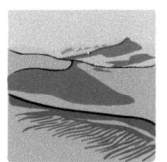

desierto
沙漠

volcán
火山

castillo
城堡

arco iris
彩虹

champiñón
蘑菇

palmera
棕櫚樹

mosquito
蚊子

mosca
蒼蠅

hormiga
螞蟻

abeja
蜜蜂

araña
蜘蛛

escarabajo

甲蟲

rana

青蛙

ardilla

松鼠

erizo

刺蝟

liebre

野兔

lechuza

貓頭鷹

pájaro

鳥

cisne

天鵝

jabalí

野豬

ciervo

鹿

alce

麋鹿

presa

水壩

aerogenerador

風力發電機

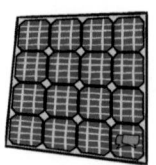

panel solar

太陽能電池板

clima

氣候

restaurante
餐館

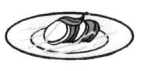

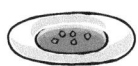

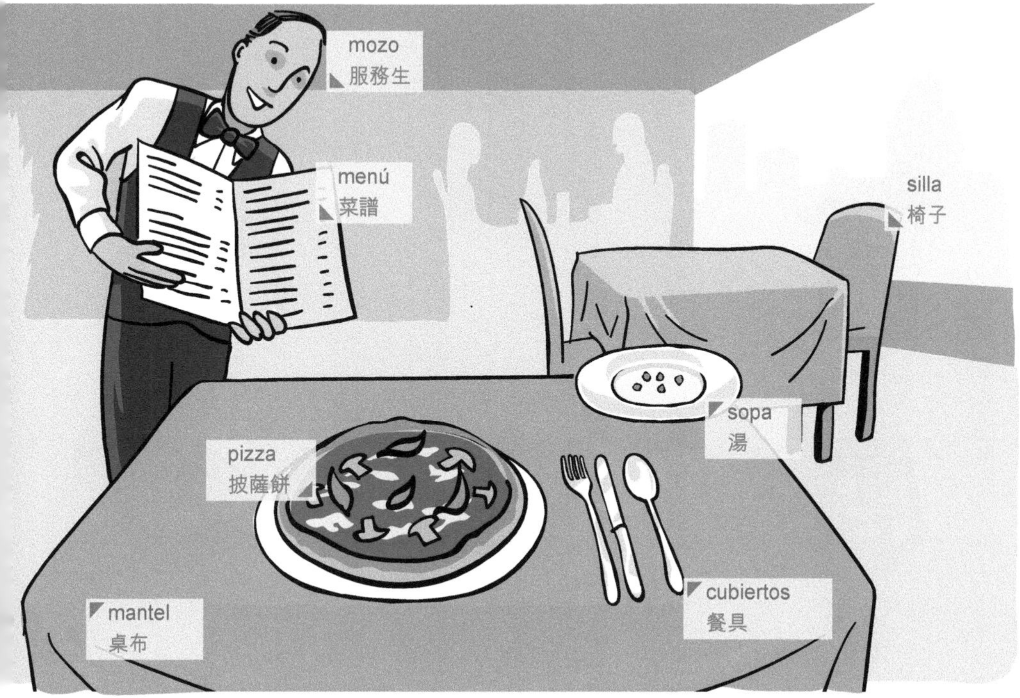
mozo
服務生
menú
菜譜
silla
椅子
sopa
湯
pizza
披薩餅
mantel
桌布
cubiertos
餐具

entrada
前菜

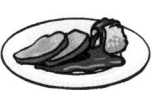

plato principal
主菜

postre
甜點

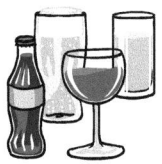

bebidas
飲料

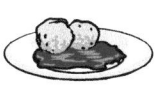

comida
食物

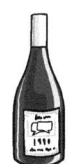

botella
瓶子

comida rápida

速食

comida callejera

街邊小吃

tetera

茶壺

azucarera

糖盒

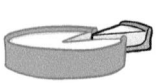

porción

一份飯菜

cafetera expreso

義式咖啡機

sillita alta

高腳椅

cuenta

帳單

bandeja

托盤

cuchillo

刀

tenedor

餐叉

cuchara

勺子

cucharita

茶匙

servilleta

餐巾

vaso

玻璃杯

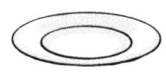

plato

碟子

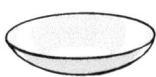

plato hondo

湯盤

plato

碟子

salsa

醬

salero

鹽瓶

molinillo de pimienta

胡椒研磨罐

vinagre

醋

aceite

食用油

especias

調味料

kétchup

番茄醬

mostaza

芥末

mayonesa

美乃滋

supermercado

超市

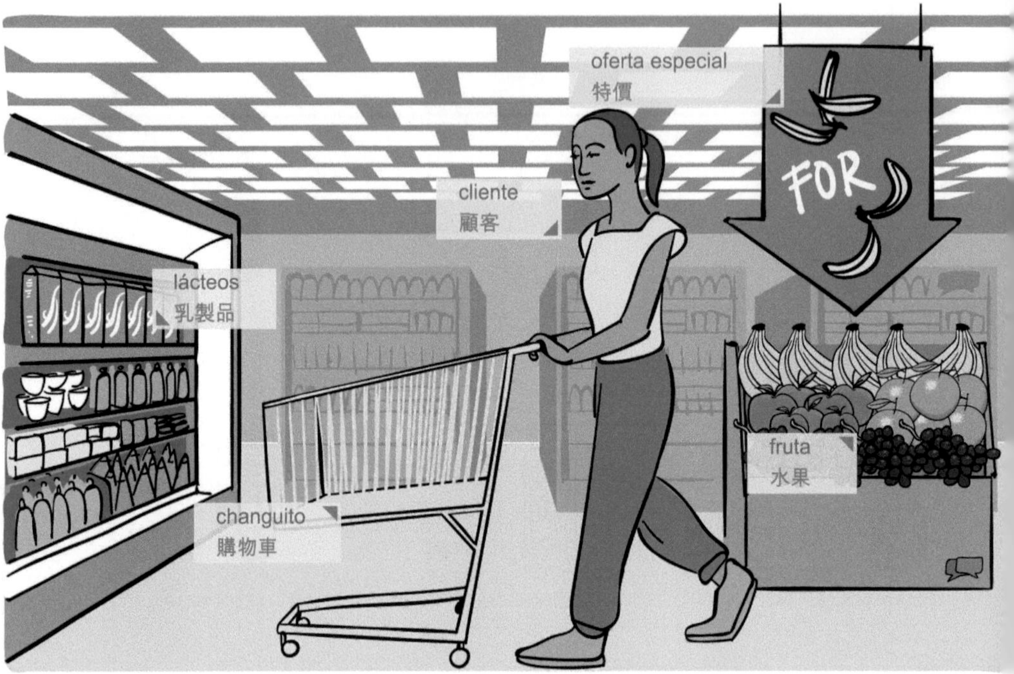

oferta especial
特價
FOR
cliente
顧客
lácteos
乳製品
fruta
水果
changuito
購物車

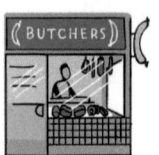

BUTCHERS

carnicería

肉鋪

BAKERY

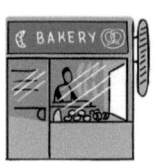

panadería

麵包店

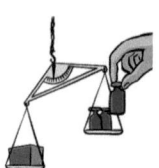

pesar

稱重

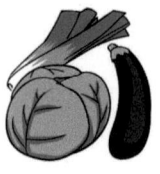

verduras

蔬菜

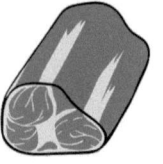

carne

肉

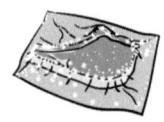

alimentos congelados

冷凍食品

fiambres

冷盤

alimentos enlatados

罐頭食品

detergente en polvo

洗衣粉

golosinas

甜食

electrodomésticos

日用品

productos de limpieza

清潔用品

vendedora

銷售員

caja

收銀機

cajero

收銀員

lista de compras

購物清單

horario de atención

開放時間

billetera

錢包

tarjeta de crédito

信用卡

cartera

袋子

bolsa de plástico

塑膠袋

supermercado - 超市

agua

水

jugo

果汁

leche

牛奶

bebida cola

可樂

vino

紅酒

cerveza

啤酒

alcohol

酒

cacao

可可

té

茶

café

咖啡

café expreso

義式濃縮咖啡

cappuccino

卡布奇諾

banana

香蕉

manzana

蘋果

naranja

柳丁

melón

西瓜

limón

檸檬

zanahoria

胡蘿蔔

ajo

大蒜

bambú

竹子

cebolla

洋蔥

champiñón

蘑菇

nueces

堅果

fideos

麵條

tallarines

義大利麵

arroz

米飯

ensalada

沙拉

papas fritas

薯條

papas fritas

炸馬鈴薯

pizza

披薩餅

hamburguesa

漢堡

sándwich

三明治

churrasco

炸豬排

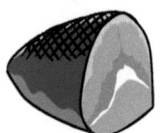

jamón

火腿

salame

義大利臘腸

salchicha

香腸

pollo

雞肉

asado

烤肉

pescado

魚

copos de avena

燕麥片

muesli

木斯里

copos de maíz

玉米片

harina

麵粉

medialuna

牛角麵包

pancito

麵包捲

pan

麵包

tostada

吐司

galletitas

餅乾

manteca

奶油

cuajada

凝乳

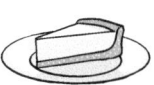

torta

蛋糕

huevo

蛋

huevo frito

煎蛋

queso

起司

helado

冰淇淋

azúcar

糖

miel

蜂蜜

mermelada

果醬

pasta de chocolate

巧克力醬

curry

咖哩

granja
農場

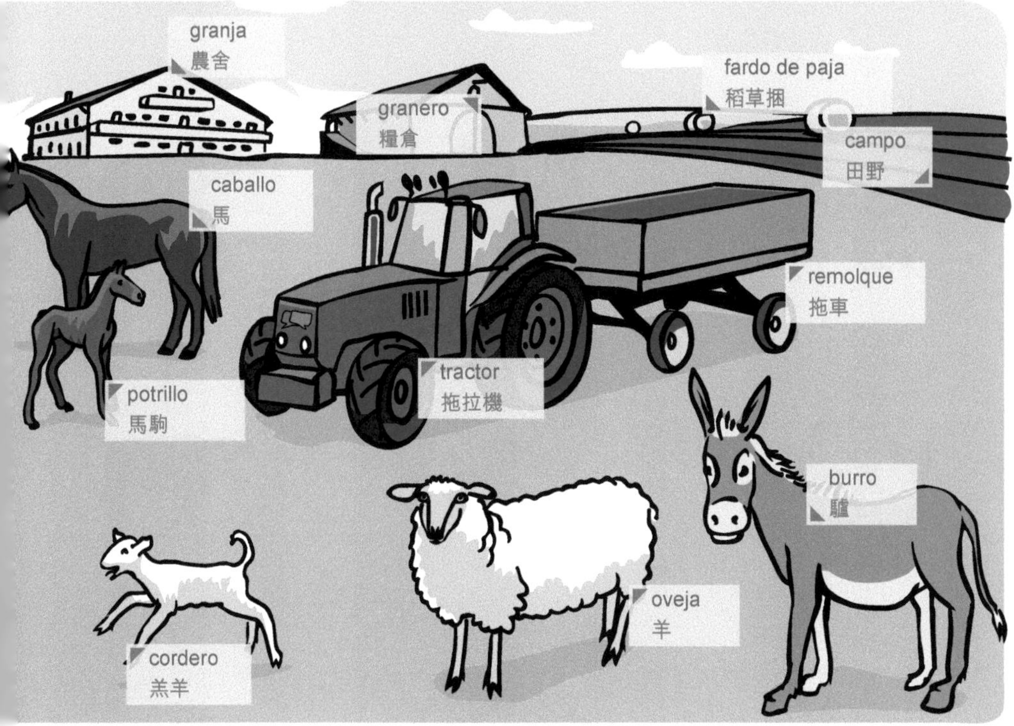

granja
農舍
granero
糧倉
fardo de paja
稻草捆
campo
田野
caballo
馬
remolque
拖車
tractor
拖拉機
potrillo
馬駒
burro
驢
oveja
羊
cordero
羔羊

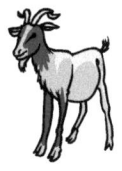

cabra
山羊

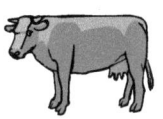

vaca
奶牛

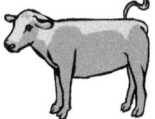

ternero
小牛

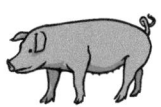

cerdo
豬

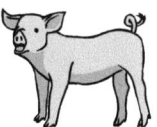

lechón
小豬

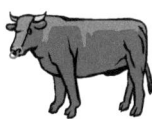

toro
公牛

ganso

鵝

pato

鴨

pollo

小雞

gallina

母雞

gallo

公雞

rata

鼠

gato

貓

ratón

老鼠

buey

牛

perro

狗

cucha

狗屋

manguera

花園澆水軟管

regadera

澆水壺

guadaña

長柄大鐮刀

arado

犁

hoz

鐮刀

azada

鋤頭

horquilla

長柄草耙

hacha

斧頭

carretilla

獨輪手推車

abrevadero

飼料槽

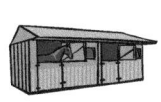

lechera

牛奶罐

bolsa

麻布袋

reja

柵欄

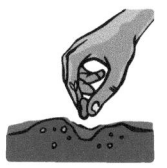

establo

馬廄

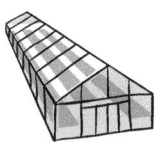

invernadero

溫室

suelo

土壤

semilla

種子

fertilizador

肥料

cosechadora

聯合收割機

cosechar

收割

cosecha

收割

batatas

地瓜

trigo

小麥

soja

大豆

papa

土豆

maíz

玉米

semilla de colza

油菜籽

árbol frutal

果樹

mandioca

樹薯

cereales

穀物

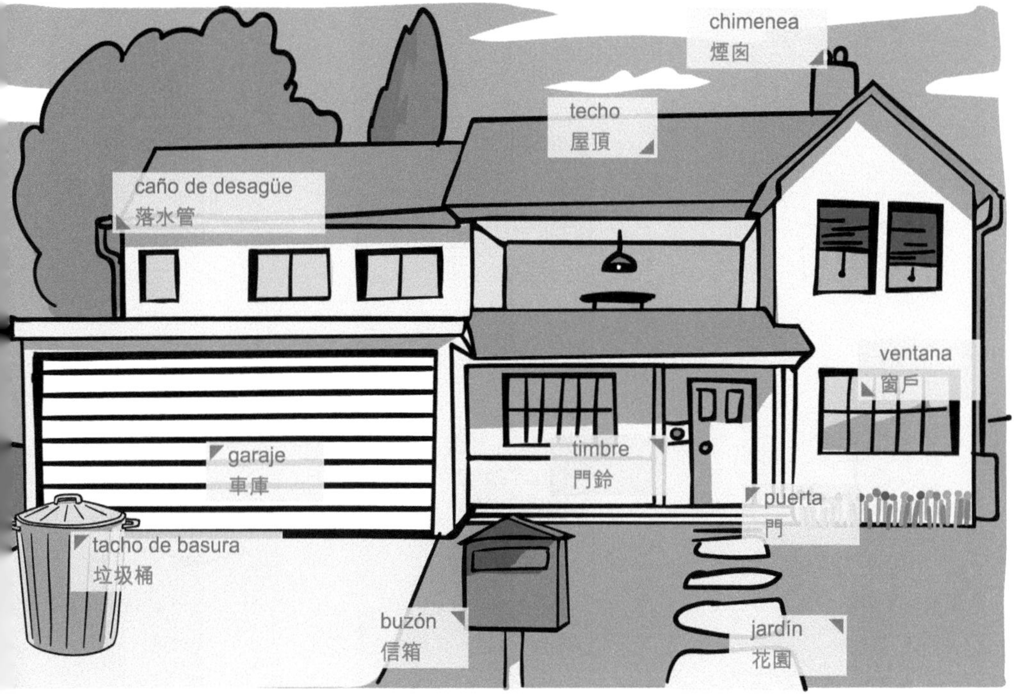

chimenea
煙囪

techo
屋頂

caño de desagüe
落水管

ventana
窗戶

garaje
車庫

timbre
門鈴

puerta
門

tacho de basura
垃圾桶

buzón
信箱

jardín
花園

living

客廳

baño

浴室

cocina

廚房

dormitorio

臥室

cuarto de los chicos

兒童房

comedor

餐廳

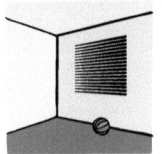

piso

地板

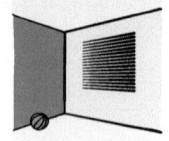

pared

牆壁

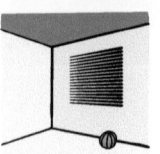

cielorraso

天花板

sótano

地窖

sauna

三溫暖

balcón

陽臺

terraza

露臺

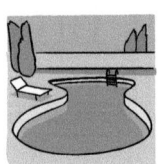

pileta

游泳池

cortadora de pasto

割草機

sábana

被單

acolchado

床罩

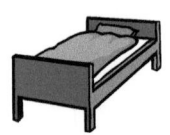

cama

床

escoba

掃帚

balde

水桶

interruptor

開關

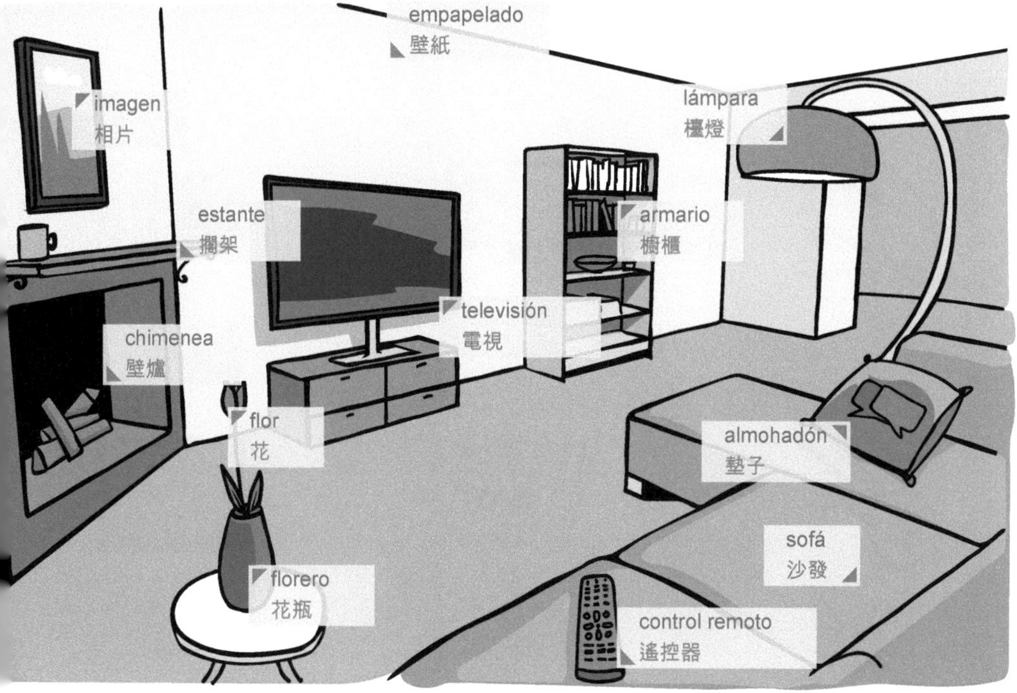

empapelado
壁紙

imagen
相片

lámpara
檯燈

estante
擱架

armario
櫥櫃

chimenea
壁爐

televisión
電視

flor
花

almohadón
墊子

sofá
沙發

florero
花瓶

control remoto
遙控器

alfombra
....
地毯

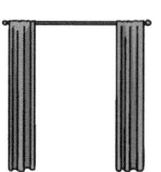

cortina
....
窗簾

mesa
....
餐桌

silla
....
椅子

mecedora
....
搖椅

sillón
....
扶手椅

libro

書

frazada

毯子

decoración

裝飾品

leña

木柴

película

電影

equipo de música

高傳真音響

llave

鑰匙

diario

報紙

pintura

油畫

póster

海報

radio

收音機

cuaderno

筆記本

aspiradora

吸塵器

cactus

仙人掌

vela

蠟燭

cocina
廚房

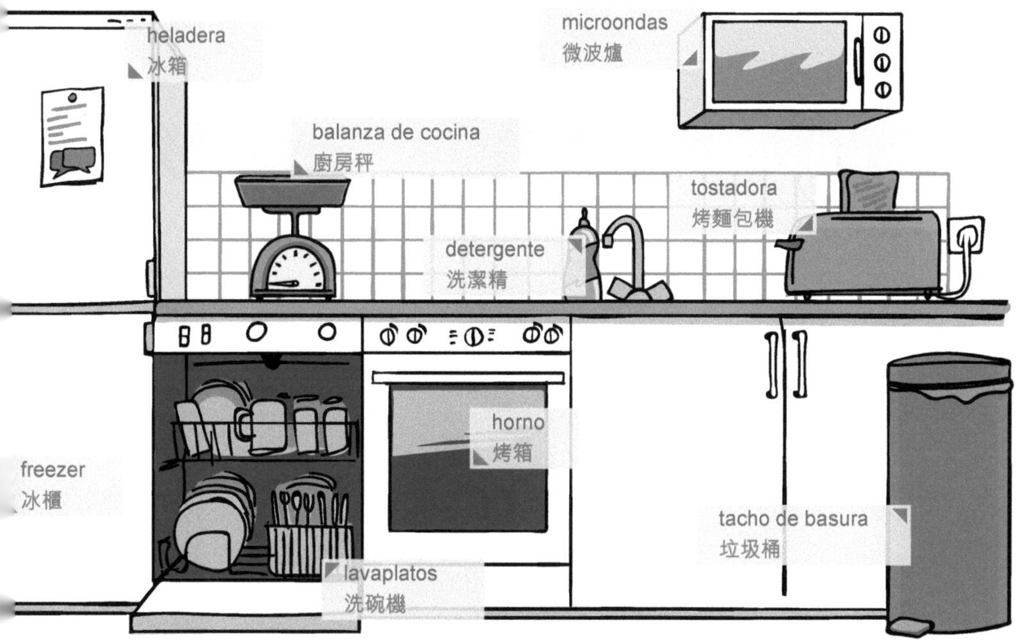
heladera
冰箱
microondas
微波爐
balanza de cocina
廚房秤
tostadora
烤麵包機
detergente
洗潔精
horno
烤箱
freezer
冰櫃
tacho de basura
垃圾桶
lavaplatos
洗碗機

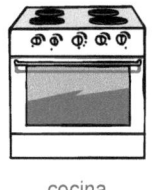

cocina
炊具

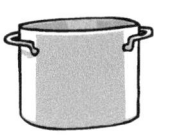

olla
鍋

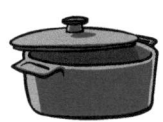

olla de hierro fundido
鑄鐵鍋

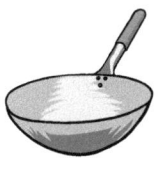

wok
炒鍋

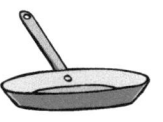

sartén
平底鍋

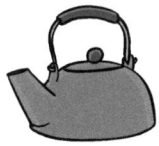

pava
水壺

vaporera

蒸鍋

bandeja de horno

烤盤

vajilla

陶瓷鍋

taza

馬克杯

bol

碗

palitos

筷子

cucharón

長柄勺

estpátula

鏟子

batidora

攪拌器

colador

濾網

colador

篩子

rallador

磨碎機

mortero

研缽

parrilla

燒烤

fogata

明火

tabla de picar

菜板

palo de amasar

擀麵杖

sacacorchos

開瓶器

lata

罐子

abrelatas

開罐器

manopla

隔熱手套

pileta

水槽

cepillo

刷子

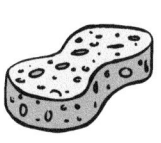

esponja

海綿

batidora

攪拌機

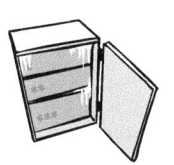

congelador

冷藏箱

mamadera

奶瓶

canilla

水龍頭

baño

浴室

ducha
淋浴
calefacción
供暖裝置
toalla
毛巾
cortina de ducha
浴簾
baño de espuma
泡沫浴
bañadera
浴缸
vaso
玻璃杯
lavarropas
洗衣機
canilla
水龍頭
baldosas
瓷磚
pelela
便壺
pileta
水槽

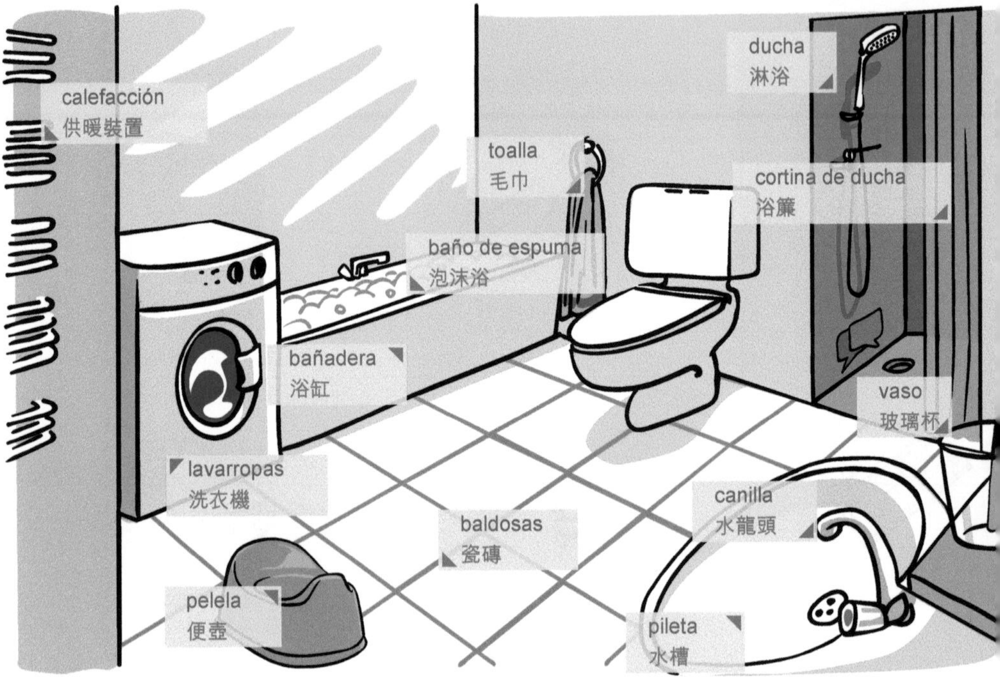

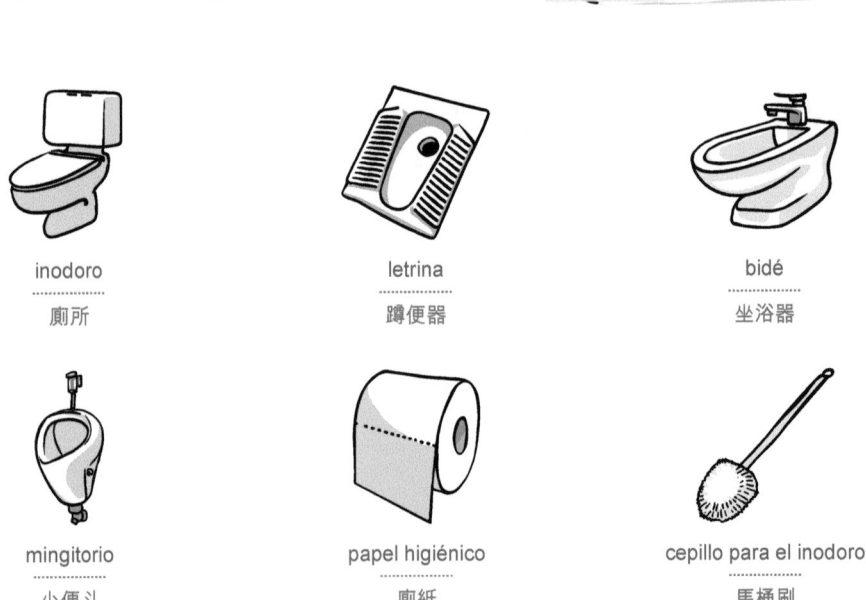

inodoro
廁所

letrina
蹲便器

bidé
坐浴器

mingitorio
小便斗

papel higiénico
廁紙

cepillo para el inodoro
馬桶刷

cepillo de dientes

牙刷

dentífrico

牙膏

hilo dental

牙線

lavar

洗

ducha de mano

手持式蓮蓬頭

ducha higiénica

沖洗器

palangana

洗臉盆

cepillo para espalda

洗背刷

jabón

肥皂

gel de ducha

沐浴露

shampoo

洗髮乳

toallita

法蘭絨

desagüe

排水

crema

乳霜

desodorante

除臭劑

baño - 浴室

espejo

鏡子

espejito

手鏡

maquinita de afeitar

刮鬍刀

espuma de afeitar

刮鬍泡沫

aftershave

鬚後水

peine

梳子

cepillo

刷子

secador de pelo

吹風機

spray

噴髮定型劑

maquillaje

化妝品

lápiz de labios

唇膏

esmalte para uñas

指甲油

algodón

化妝棉

tijera para uñas

指甲剪

perfume

香水

portacosméticos

洗漱包

banqueta

凳子

balanza

計重秤

bata

浴袍

guantes de goma

橡膠手套

tampón

衛生棉條

toallita femenina

衛生棉

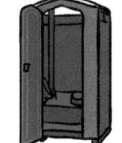

baño químico

化學廁所

cuarto de los chicos

兒童房

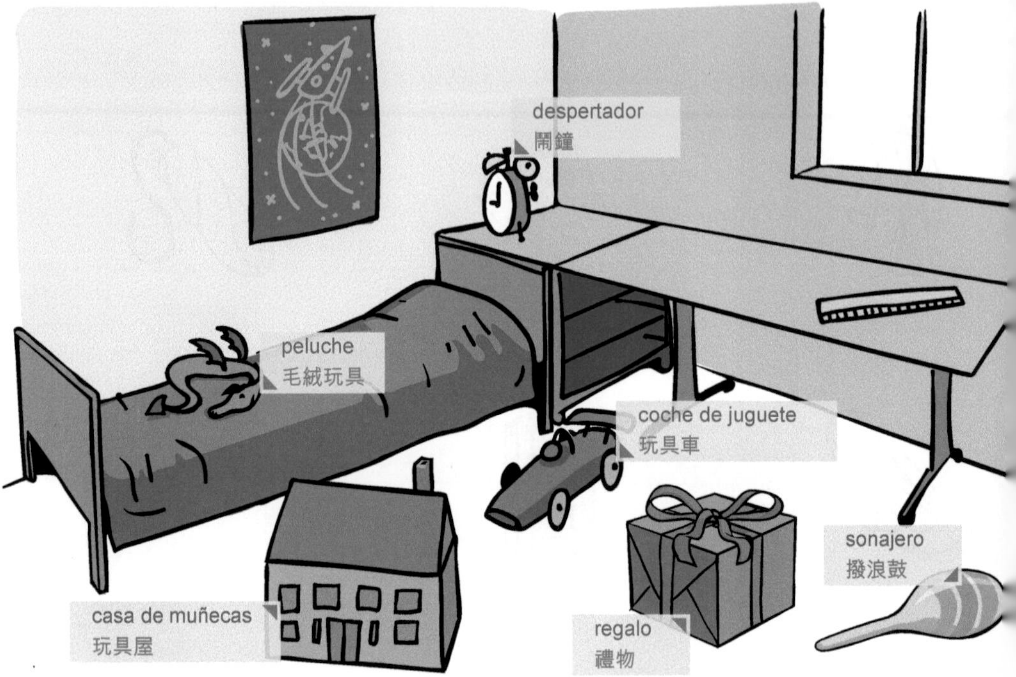
despertador
鬧鐘
peluche
毛絨玩具
coche de juguete
玩具車
sonajero
撥浪鼓
casa de muñecas
玩具屋
regalo
禮物

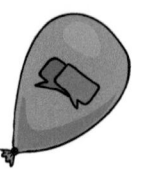

globo

氣球

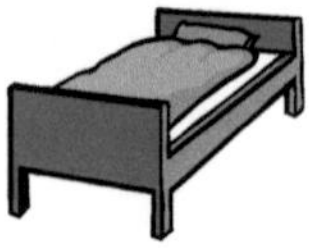

cama

床

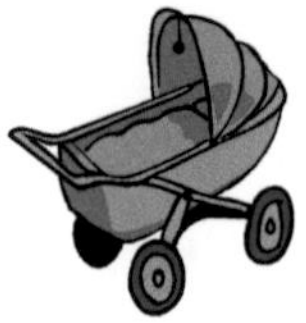

cochecito

嬰兒車

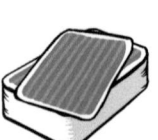

cartas

撲克牌

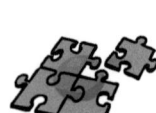

rompecabezas

拼圖

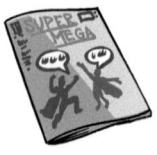

historieta

漫畫

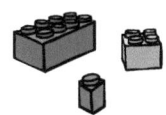

piezas de lego

樂高積木

ladrillos de juguete

積木玩具

figura de acción

公仔

enterito (de bebé)

嬰兒服

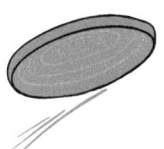

frisbee

飛盤

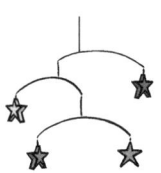

móvil para bebés

床鈴玩具

juego de mesa

棋盤遊戲

dados

骰子

tren eléctrico

火車模型

chupete

安撫奶嘴

fiesta

派對

libro de cuentos ilustrado

繪本

pelota

球

muñeca

洋娃娃

jugar

玩

arenero

沙坑

hamaca

鞦韆

juguetes

玩具

consola de videojuegos

電玩遊戲

triciclo

三輪車

osito de peluche

泰迪熊

armario

衣櫃

ropa

衣服

medias

襪子

medias panty

長襪

calzas

緊身褲

bufanda
圍巾

cinturón
皮帶

paraguas
雨傘

remera
T恤

zapatillas
運動鞋

botas
靴子

pantuflas
拖鞋

sandalias
涼鞋

zapatos
鞋

botas de goma
雨靴

ropa interior
內褲

corpiño
胸罩

chaleco
背心

ropa - 衣服

body
身體

pantalones
褲子

jeans
牛仔褲

pollera
短裙

blusa
女式襯衫

camisa
襯衫

pulóver
套頭衫

buzo
連帽上衣

blazer
西裝夾克

campera
夾克

tapado
外套

piloto
雨衣

traje
套裝

vestido
連衣裙

vestido de novia
婚紗

traje

西裝

camisón

睡袍

pijama

睡衣

sari

莎麗

pañuelo para cabeza

頭巾

turbante

包頭巾

burka

波卡

caftán

卡夫坦

abaya

(阿拉伯式)長袍

traje de baño

泳衣

short de baño

男式泳褲

shorts

短褲

jogging

運動服

delantal

圍裙

guantes

手套

botón

鈕扣

anteojos

眼鏡

pulsera

手鏈

collar

項鍊

anillo

戒指

aro

耳環

gorra

便帽

percha

衣架

sombrero

帽子

corbata

領帶

cierre

拉鍊

casco

安全帽

tiradores

背帶

uniforme escolar

校服

uniforme

制服

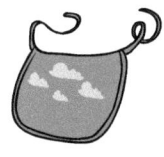

babero

圍兜

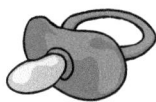

chupete

安撫奶嘴

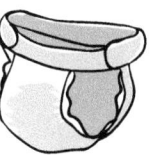

pañal

尿布

oficina
辦公室

servidor
伺服器
archivero
檔案櫃
impresora
印表機
papel
紙
monitor
螢幕
mouse
滑鼠
escritorio
辦公桌
carpeta
資料夾
teclado
鍵盤
silla
椅子
tacho (de basura)
廢紙簍
computadora
電腦

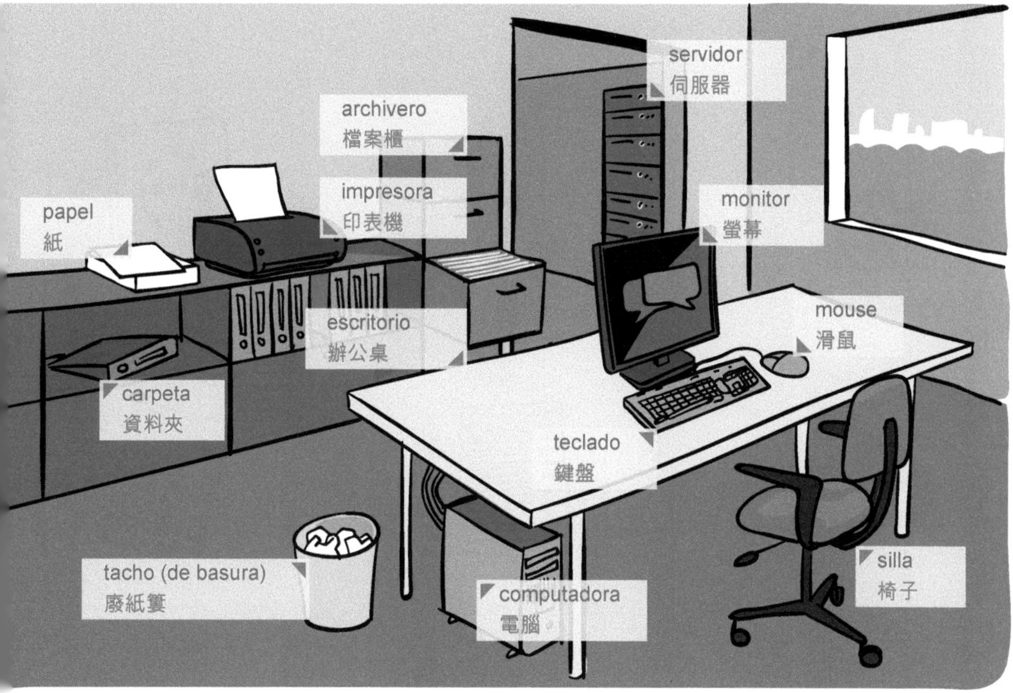

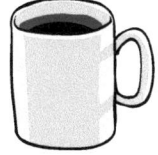

taza de café

咖啡杯

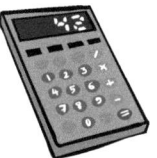

calculadora

計算機

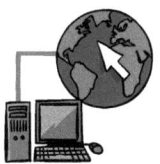

internet

網際網路

laptop

筆記型電腦

carta

信件

mensaje

簡訊

celular

行動電話

red

網路

fotocopiadora

影印機

software

軟體

teléfono

電話

tomacorriente

插座

fax

傳真機

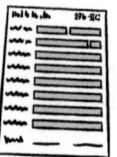

formulario

表格

documento

檔案

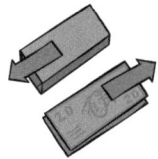

comprar

買

pagar

付錢

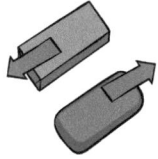

hacer negocios

交易

dinero

現金

dólar

美元

euro

歐元

yen

日元

rublo

盧布

franco suizo

瑞士法郎

yuan

人民幣

rupia

盧比

cajero automático

提款處

casa de cambio

外幣兌換處

oro

金

plata

銀

petróleo

石油

energía

能源

precio

價格

contrato

合約

impuesto

稅金

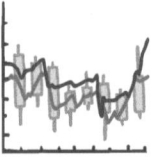

acción

股票

trabajar

工作

empleado

職員

empleador

老闆

fábrica

工廠

negocio

商店

ocupaciones
職業

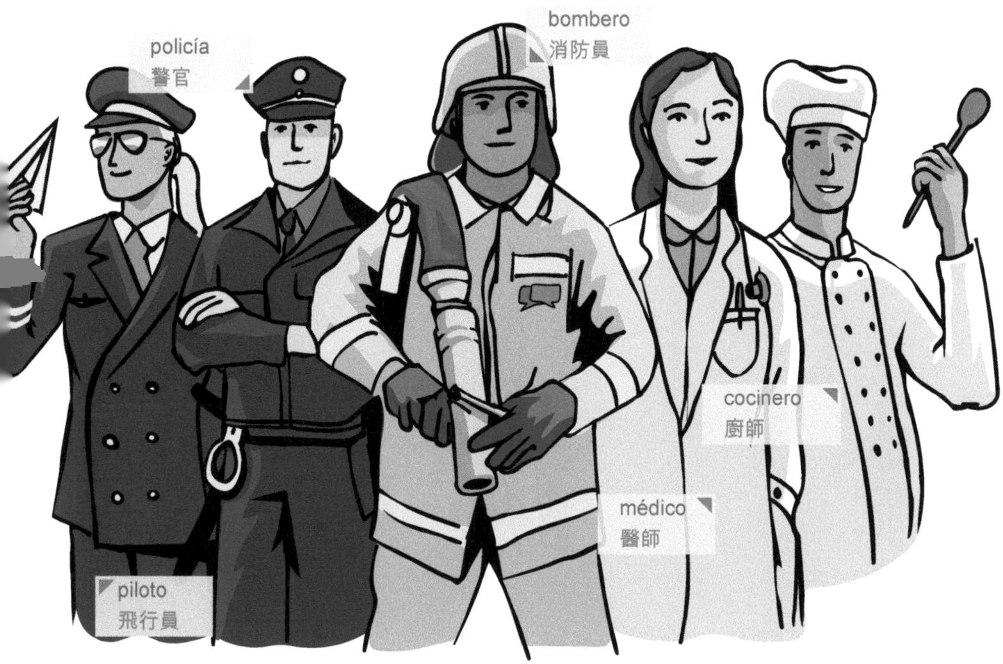
policía
警官
bombero
消防員
cocinero
廚師
médico
醫師
piloto
飛行員

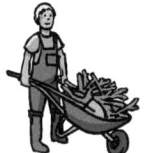

jardinero

園丁

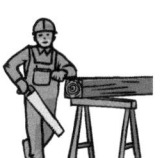

carpintero

木匠

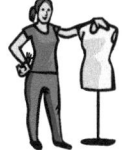

modista

裁縫

juez

法官

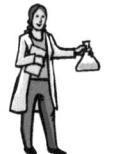

farmacéutico

化學家

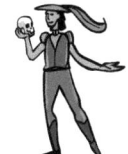

actor

演員

colectivero

公車司機

taxista

計程車司機

pescador

漁夫

mucama

清洗女工

techista

屋頂工

mozo

服務生

cazador

獵人

pintor

畫家

panadero

麵包師

electricista

電工

albañil

建築工人

ingeniero

工程師

carnicero

屠夫

plomero

水管工

cartero

郵差

soldado

士兵

arquitecto

建築師

cajero

收銀員

florista

花農

peluquero

理髮師

cobrador

售票員

mecánico

機械技師

capitán

船長

dentista

牙醫

científico

科學家

rabino

拉比

imán

伊瑪目

monje

和尚

sacerdote

牧師

herramientas

工具

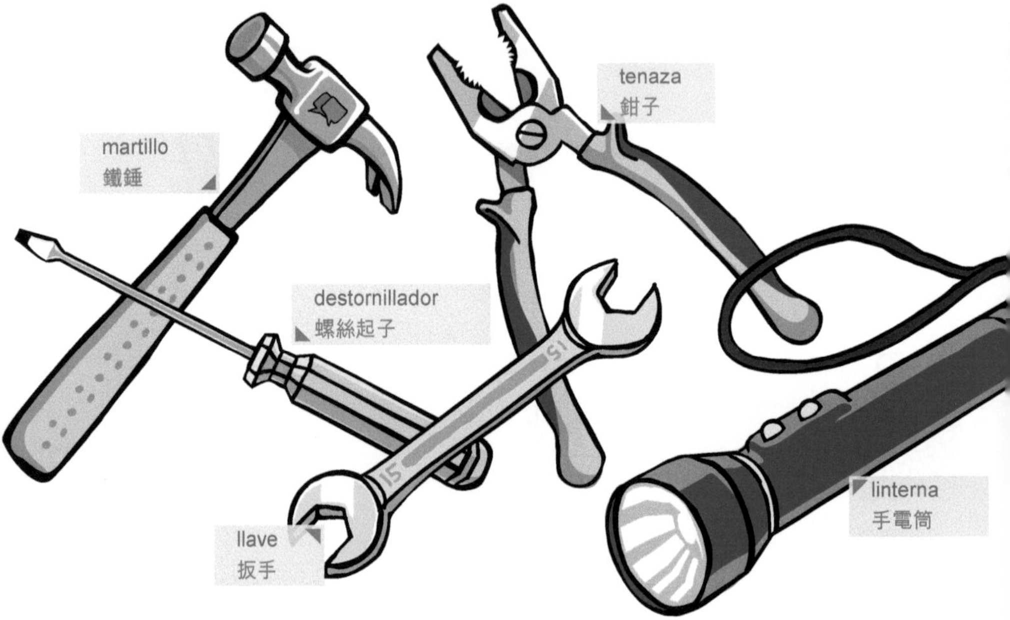
martillo
鐵錘
tenaza
鉗子
destornillador
螺絲起子
llave
扳手
linterna
手電筒

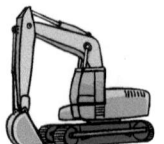

excavadora

挖掘機

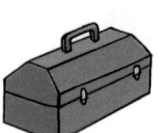

caja de herramientas

工具箱

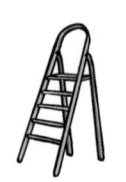

escalera portátil

梯子

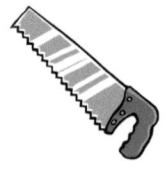

sierra

鋸子

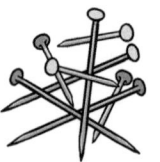

clavos

釘子

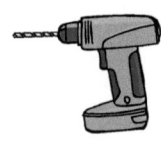

taladro

鑽機

arreglar

修

pala de jardín

鏟子

¡Qué bronca!

糟糕！

pala de plástico

畚箕

tacho de pintura

油漆桶

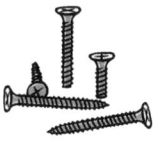

tornillos

螺絲

instrumentos musicales

樂器

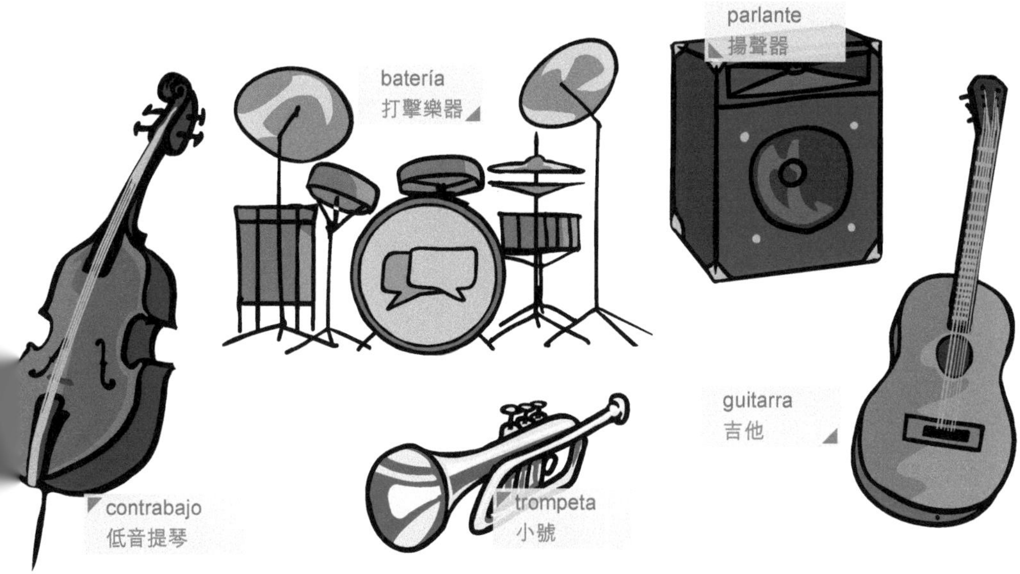

parlante
揚聲器

batería
打擊樂器

guitarra
吉他

contrabajo
低音提琴

trompeta
小號

piano

鋼琴

violín

小提琴

bajo

貝斯

timbales

定音鼓

tambor

鼓

teclado

電子琴

saxofón

薩克斯風

flauta

長笛

micrófono

麥克風

zoológico
動物園

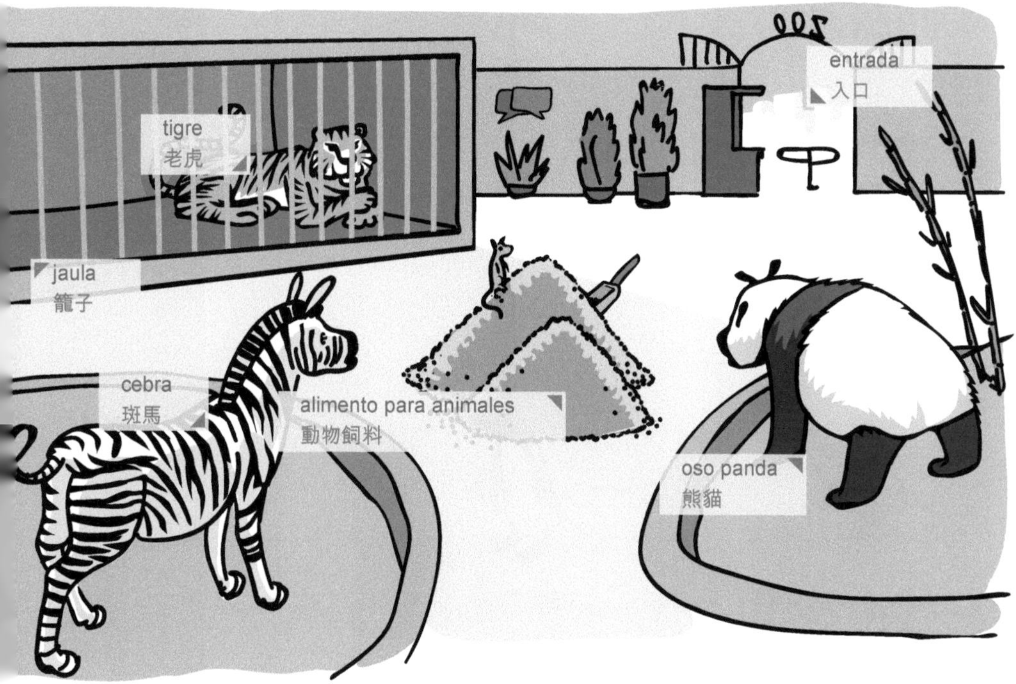
entrada
入口
tigre
老虎
jaula
籠子
cebra
斑馬
alimento para animales
動物飼料
oso panda
熊貓

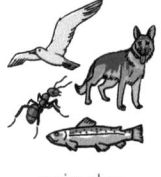

animales
動物

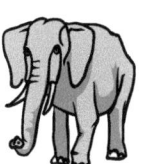

elefante
大象

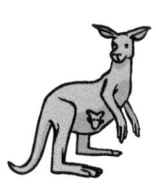

canguro
袋鼠

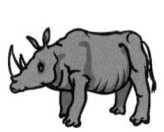

rinoceronte
犀牛

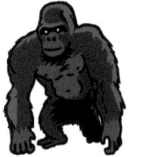

gorila
大猩猩

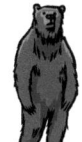

oso
熊

camello

駱駝

avestruz

鴕鳥

león

獅子

mono

猴子

flamenco

紅鶴

loro

鸚鵡

oso polar

北極熊

pingüino

企鵝

tiburón

鯊魚

pavo real

孔雀

serpiente

蛇

cocodrilo

鱷魚

cuidador del zoológico

動物園管理員

foca

海豹

jaguar

美洲豹

poni

矮種馬

leopardo

豹

hipopótamo

河馬

jirafa

長頸鹿

águila

老鷹

jabalí

野豬

pescado

魚

tortuga

龜

morsa

海象

zorro

狐狸

gacela

羚羊

fútbol americano
橄欖球

ciclismo
騎腳踏車

tenis
網球

básquet
籃球

natación
游泳

hockey sobre hielo
冰球

boxeo
拳擊

fútbol

美式足球

bádminton

羽毛球

atletismo

田徑

handball

手球

esquí

滑雪

polo

馬球

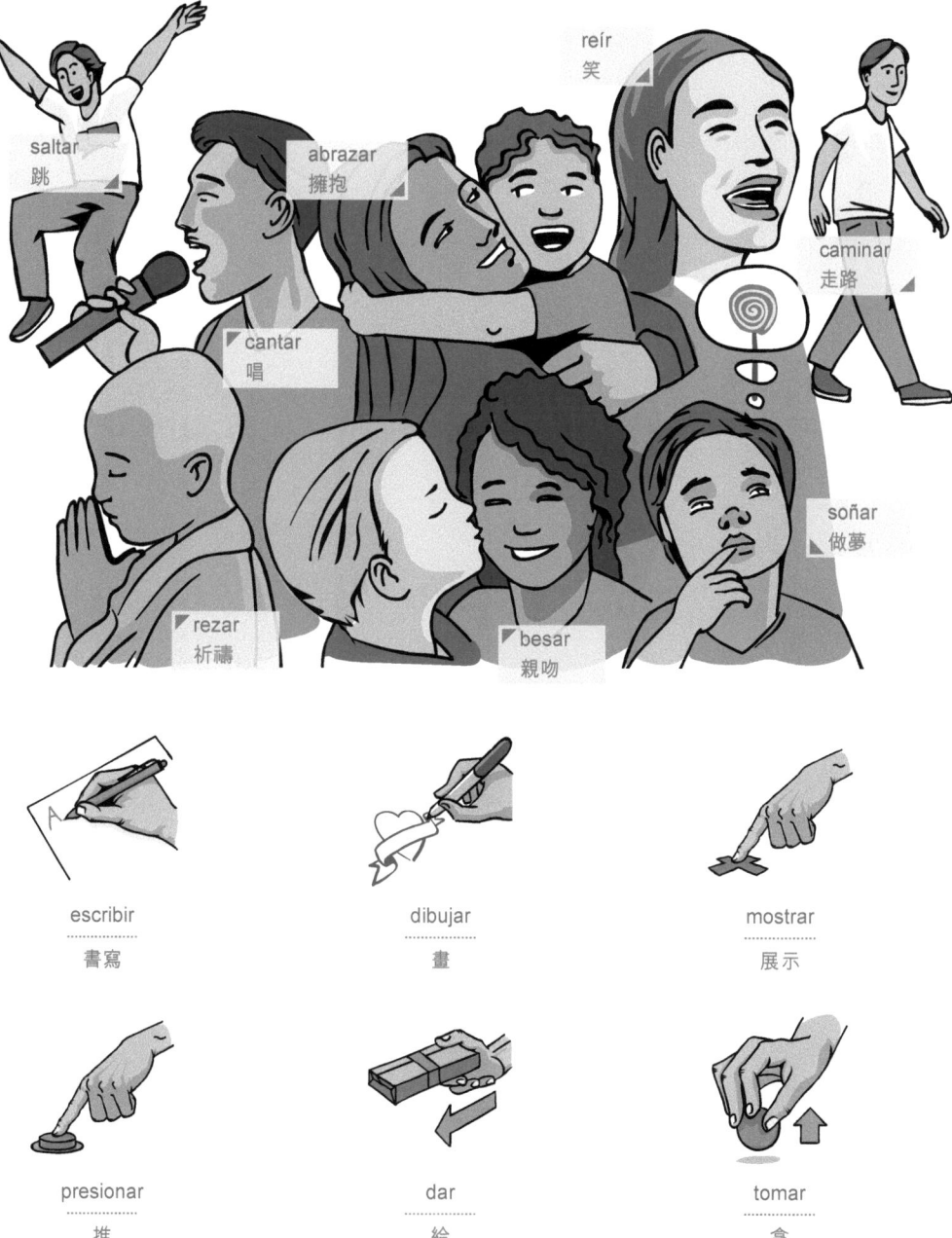

saltar
跳

reír
笑

abrazar
擁抱

caminar
走路

cantar
唱

soñar
做夢

rezar
祈禱

besar
親吻

escribir	dibujar	mostrar
書寫	畫	展示

presionar	dar	tomar
推	給	拿

tener
有

hacer
做

ser
當

estar parado
站

correr
跑

tirar
拉

tirar
丟

caer
摔倒

estar acostado
躺

esperar
等待

llevar
攜帶

estar sentado
坐

vestirse
穿衣

dormir
睡覺

despertar
醒來

mirar

看

llorar

哭

acariciar

擊

peinar

梳頭

hablar

交談

entender

明白

preguntar

問

escuchar

聽

beber

喝

comer

吃

ordenar

清理

amar

愛

cocinar

做飯

manejar

開車

volar

飛

navegar

航行

calcular

計算

leer

讀

aprender

學習

trabajar

工作

casarse

結婚

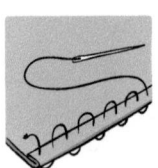

coser

縫

cepillarse los dientes

刷牙

matar

殺

fumar

抽菸

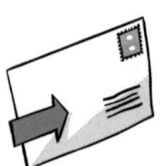

enviar

寄

familia
家

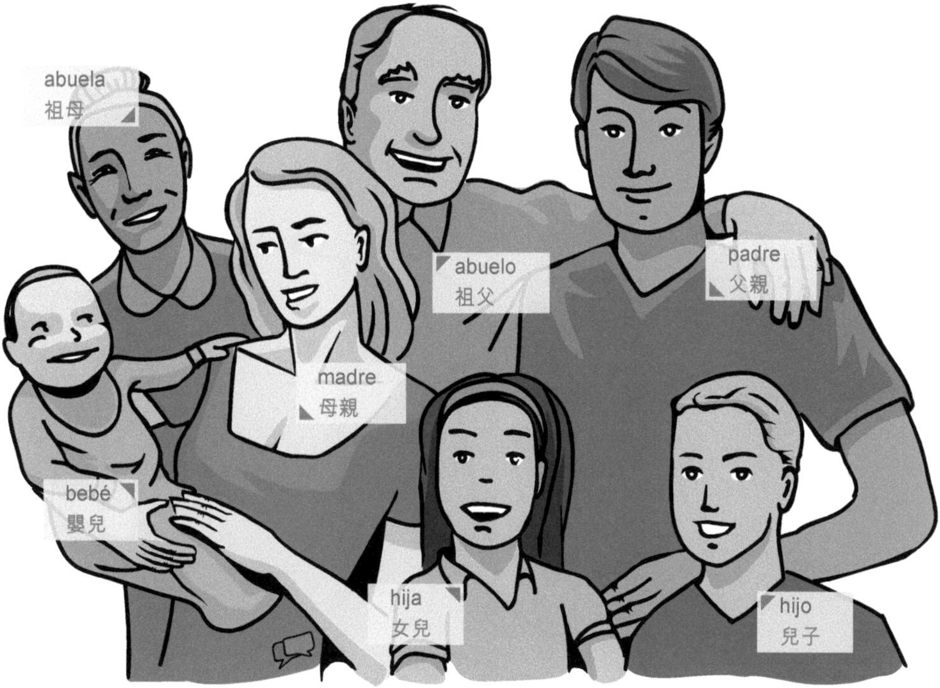
abuela
祖母
abuelo
祖父
padre
父親
madre
母親
bebé
嬰兒
hija
女兒
hijo
兒子

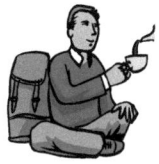

invitado
客人

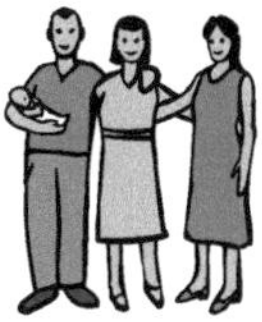

tía
阿姨

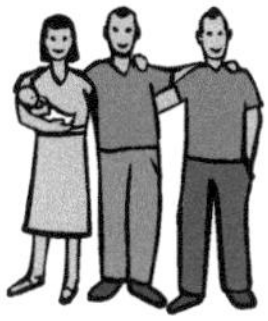

tío
叔叔

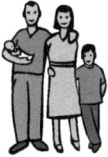

hermano
兄弟

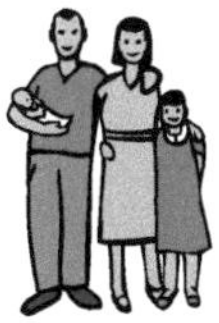

hermana
姐妹

cuerpo
身體

frente
前額
ojo
眼睛
hombro
肩膀
dedo
手指
cara
臉
pera
下巴
mano
手
pierna
腿
pecho
乳房
brazo
手臂

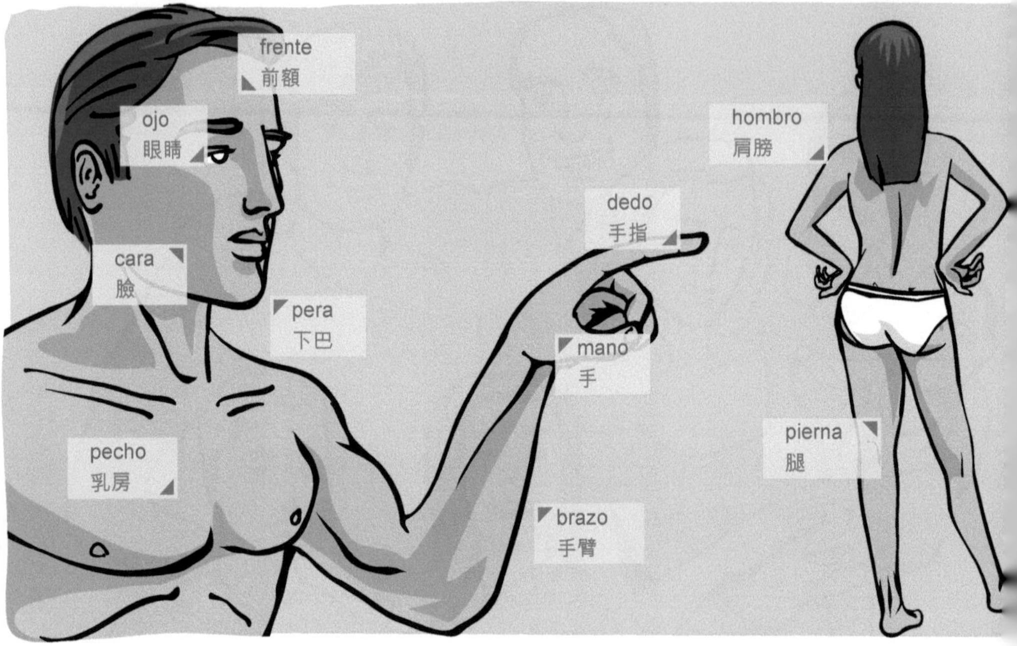

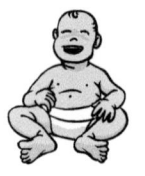

bebé
嬰兒

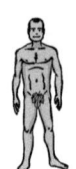

hombre
男人

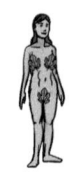

mujer
女人

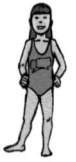

nena
女孩

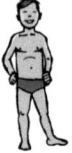

nene
男孩

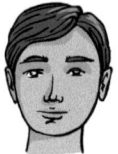

cabeza
頭

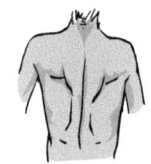

espalda

背部

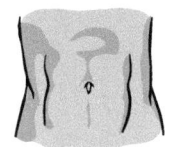

panza

肚子

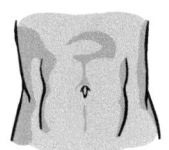

ombligo

肚臍

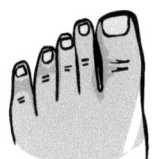

dedo del pie

腳趾

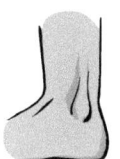

talón

腳後跟

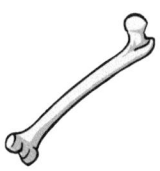

hueso

骨頭

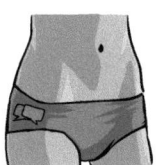

cadera

臀部

rodilla

膝蓋

codo

手肘

nariz

鼻子

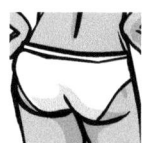

cola

屁股

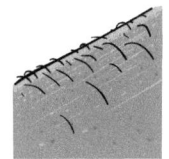

piel

皮膚

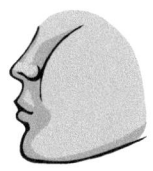

cachete

臉頰

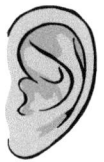

oreja

耳朵

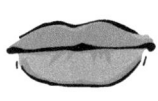

labio

嘴唇

boca

嘴

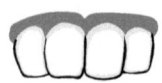

diente

牙齒

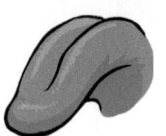

lengua

舌頭

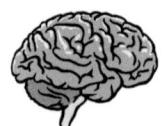

cerebro

腦

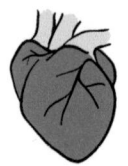

corazón

心臟

músculo

肌肉

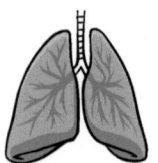

pulmón

肺

hígado

肝臟

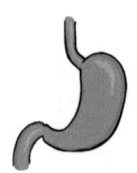

estómago

胃

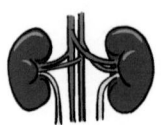

riñones

腎臟

sexo

性交

preservativo

保險套

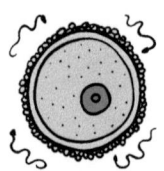

óvulo

卵子

semen

精子

embarazo

懷孕

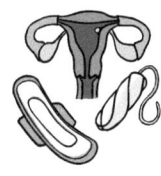

menstruación

月事

vagina

陰道

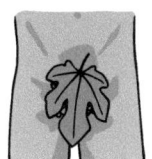

pene

陰莖

ceja

眉毛

pelo

頭髮

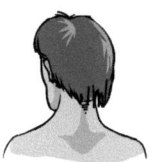

cuello

脖子

hospital

醫院

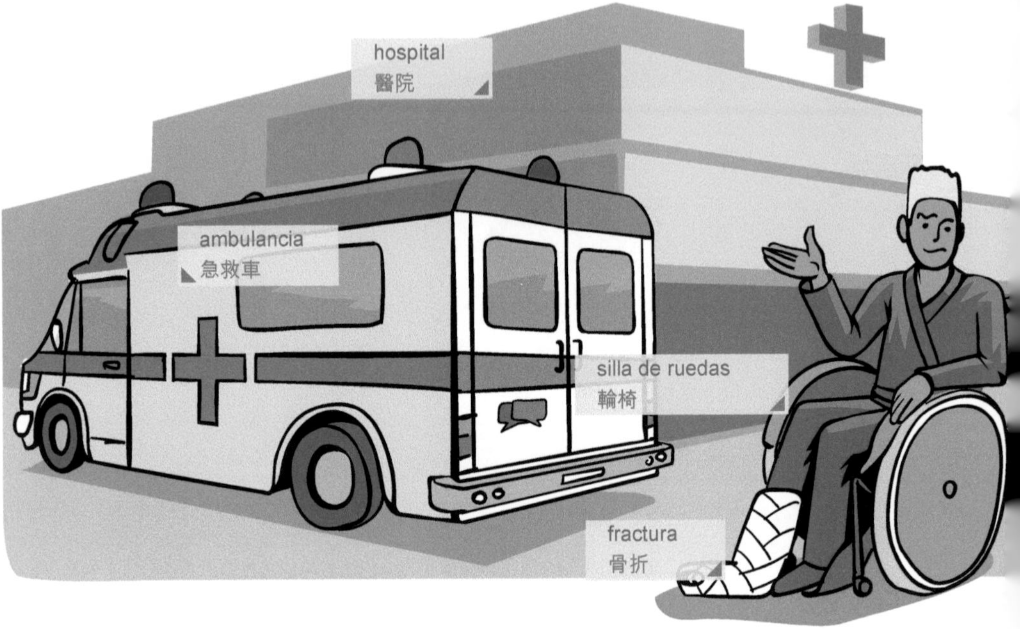

hospital
醫院
ambulancia
急救車
silla de ruedas
輪椅
fractura
骨折

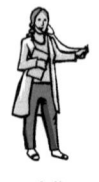

médico

醫師

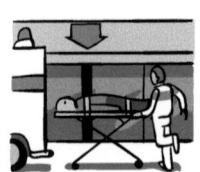

sala de guardia

急診室

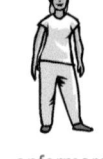

enfermera

護理師

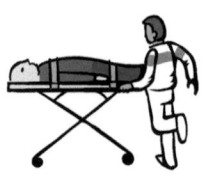

emergencia

緊急情形

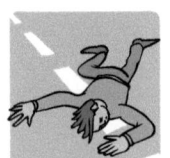

inconsciente

昏迷

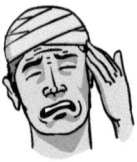

dolor

痛

lesión

受傷

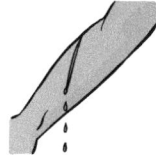

hemorragia

出血

infarto

心臟病發作

ACV

中風

alergia

過敏

tos

咳嗽

fiebre

發燒

gripe

流感

diarrea

腹瀉

dolor de cabeza

頭痛

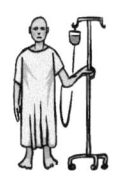

cáncer

癌症

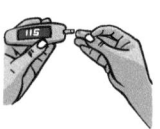

diabetes

糖尿病

cirujano

外科醫師

bisturí

手術刀

operación

手術

TC
....
電腦斷層掃描

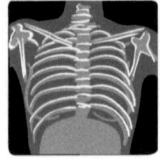

rayos x
....
X光

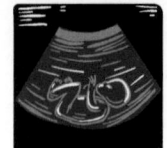

ecografía
....
超音波

barbijo
....
口罩

enfermedad
....
疾病

sala de espera
....
候診室

muleta
....
拐杖

curita
....
石膏

venda
....
繃帶

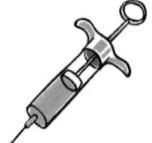

inyección
....
注射

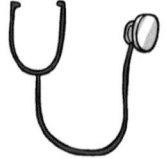

estetoscopio
....
聽診器

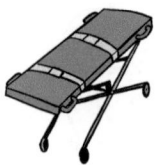

camilla
....
擔架

termómetro
....
體溫計

nacimiento
....
出生

sobrepeso
....
超重

audífono

助聽器

desinfectante

消毒液

infección

感染

virus

病毒

VIH / SIDA

愛滋病

remedio

藥物

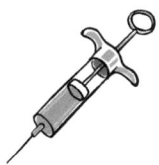

vacunación

接種疫苗

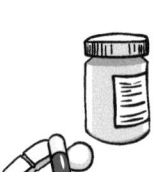

comprimidos

藥片

pastilla anticonceptiva

藥丸

amada de emergencia

急救電話

tensiómetro

血壓計

enfermo / sano

生病/健康

¡Ayuda!

救命！

alarma

警報

agresión

突擊

ataque

攻擊

peligro

危險

salida de emergencia

緊急出口

¡Fuego!

失火了！

matafuego

滅火器

accidente

意外

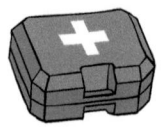

botiquín de primeros
auxilios

急救箱

SOS

呼救訊號

policía

員警

Europa

歐洲

América del Norte

北美洲

América del Sur

南美洲

África

非洲

Asia

亞洲

Australia

澳洲

Atlántico

大西洋

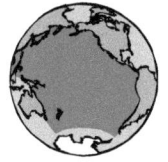

Pacífico

太平洋

Océano Índico

印度洋

Océano Antártico

南冰洋

Océano Ártico

北冰洋

polo norte

北極

polo sur

南極

Antártida

南極洲

Tierra

地球

tierra

陸地

mar

海

isla

島

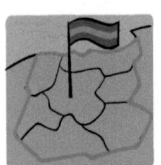

nación

國家

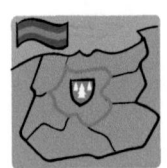

estado

州

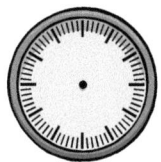

esfera

錶盤

manecilla de las horas

時針

minutero

分針

segundero

秒針

¿Qué hora es?

現在幾點？

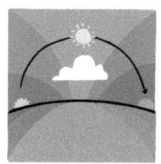

día

天

hora

時間

ahora

現在

reloj digital

電子錶

minuto

分

hora

時

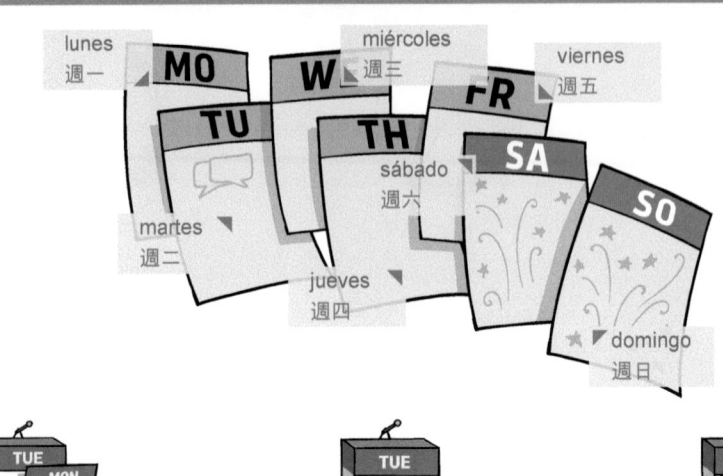

lunes 週一
martes 週二
miércoles 週三
jueves 週四
viernes 週五
sábado 週六
domingo 週日

ayer

昨天

hoy

今天

mañana

明天

mañana

早晨

mediodía

中午

tarde

晚上

MO	TU	WE	TH	FR	SA	SU
1	2	3	4	5	6	7
8	9	10	11	12	13	14
15	16	17	18	19	20	21
22	23	24	25	26	27	28
29	30	31	1	2	3	4

días hábiles

工作日

MO	TU	WE	TH	FR	SA	SU
1	2	3	4	5	6	7
8	9	10	11	12	13	14
15	16	17	18	19	20	21
22	23	24	25	26	27	28
29	30	31	1	2	3	4

fin de semana

週末

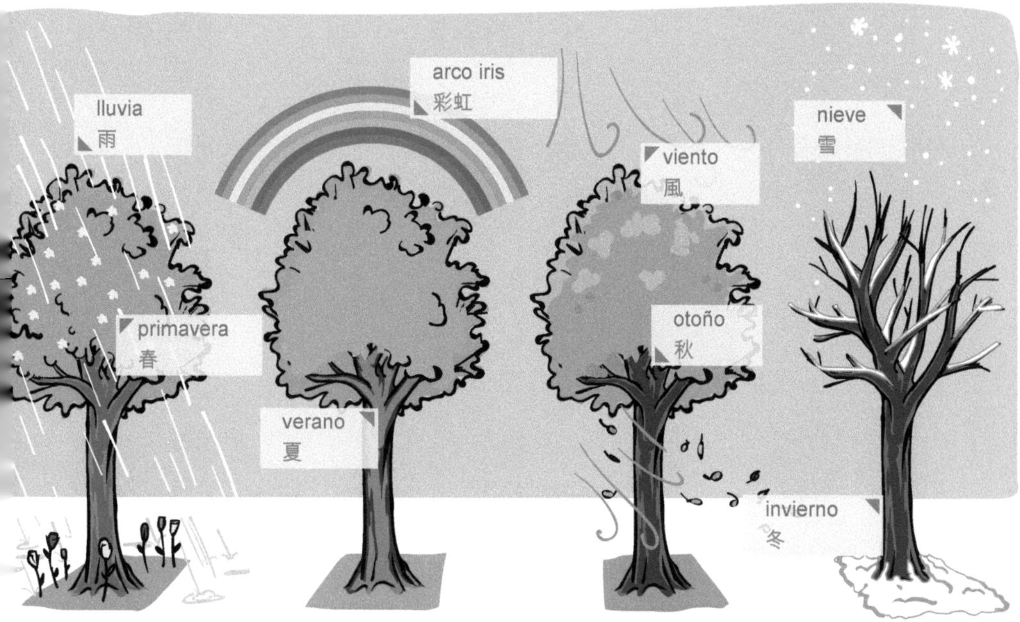
arco iris
彩虹
lluvia
雨
nieve
雪
viento
風
primavera
春
otoño
秋
verano
夏
invierno
冬

4.APRIL 11°
5.APRIL 4°
6.APRIL 13°
7.APRIL 8°
8.APRIL 10°

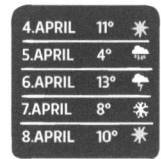

onóstico meteorológico
天氣預告

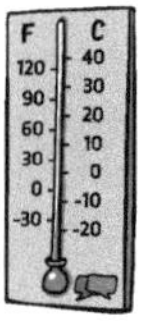
F C
120 40
90 30
60 20
30 10
0 0
-30 -10
-20

termómetro
溫度計

luz del sol
陽光

nube
雲

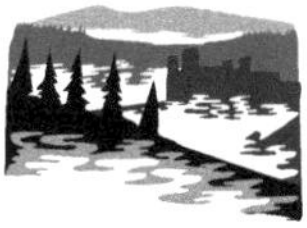

niebla
霧

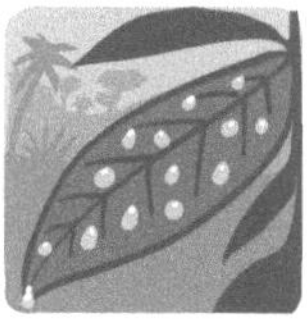

humedad
潮濕

rayo

閃電

trueno

打雷

tormenta

風暴

granizo

冰雹

monzón

季風

inundación

洪水

hielo

冰

enero

一月

febrero

二月

marzo

三月

abril

四月

mayo

五月

junio

六月

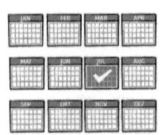

julio

七月

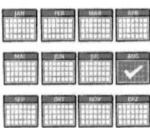

agosto

八月

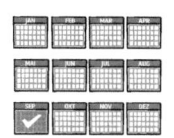

septiembre

九月

octubre

十月

noviembre

十一月

diciembre

十二月

formas

形狀

círculo

圓形

cuadrado

正方形

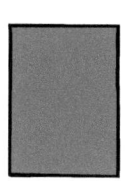

rectángulo

長方形

triángulo

三角形

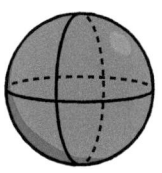

esfera

球體

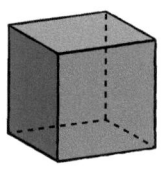

cubo

立方體

blanco

白

amarillo

黃

naranja

橙

rosa

粉

rojo

紅

violeta

紫

azul

藍

verde

綠

marrón

棕

gris

灰

negro

黑

mucho / poco

很多/少許

enojado / tranquilo

生氣/平靜

lindo / feo

美/醜

principio / fin

首/尾

grande / chico

大/小

claro / oscuro

明/暗

hermano / hermana

兄弟/姐妹

limpio / sucio

乾淨/骯髒

completo / incompleto

完整/缺失

día / noche

白天/晚上

muerto / vivo

死/生

ancho / angosto

寬/窄

comestible / no comestible

可食用/非食用

malo / amable

邪惡/善良

entusiasmado / aburrido

興奮/無聊

gordo / flaco

胖/瘦

primero / último

第一/最後

amigo / enemigo

朋友/敵人

lleno / vacío

滿/空

duro / blando

硬/軟

pesado / liviano

重/輕

hambre / sed

餓/渴

enfermo / sano

生病/健康

ilegal / legal

非法/合法

inteligente / estúpido

聰明/愚笨

izquierda / derecha

左/右

cerca / lejos

近/遠

nuevo / usado

新/舊

nada / algo

沒有/有些

viejo / joven

老/幼

encendido / apagado

開/關

abierto / cerrado

打開/闔上

silencioso / ruidoso

安靜/吵鬧

rico / pobre

富/窮

correcto / incorrecto

對/錯

áspero / suave

粗糙/光滑

triste / contento

傷心/高興

corto / largo

短/長

lento / rápido

慢/快

mojado / seco

濕/乾

caliente / frío

溫暖/涼爽

guerra / paz

戰爭/和平

0

cero

零

1

uno

一

2

dos

二

3

tres

三

4

cuatro

四

5

cinco

五

6

seis

六

7

siete

七

8

ocho

八

9

nueve

九

10

diez

十

11

once

十一

12
doce

十二

13
trece

十三

14
catorce

十四

15
quince

十五

16
dieciséis

十六

17
diecisiete

十七

18
dieciocho

十八

19
diecinueve

十九

20
veinte

二十

100
cien

百

1.000
mil

千

1.000.000
millón

百萬

inglés

英語

inglés americano

美式英語

chino mandarín

普通話

hindi

印地語

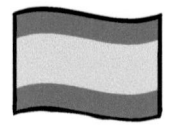

español

西班牙語

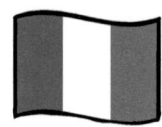

francés

法語

árabe

阿拉伯語

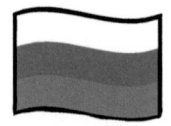

ruso

俄語

portugués

葡萄牙語

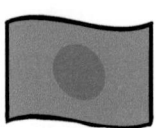

bengalí

孟加拉語

alemán

德語

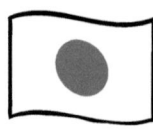

japonés

日語

yo

我

vos

你

él / ella

他/她/它

nosotros

我們

ustedes

你們

ellos

他們

¿quién?

誰？

¿qué?

什麼？

¿cómo?

如何？

¿dónde?

何處？

¿cuándo?

何時？

HELLO, I AM

nombre

名字

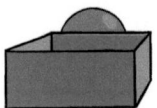

detrás

後面

en

裡面

adelante de

前面

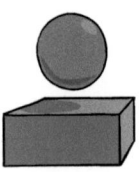

por encima de

上方

sobre

上面

debajo de

下麵

al lado de

旁邊

entre

中間

lugar

地點